AF146340

BOD Verlag

Wie der Glaube zur Liebe führen kann

Herausgegeben von Bernhard Danzl

Herstellung und Verlag:
BoD - Books on Demand, Norderstedt
ISBN 978-3-7322-4210-8

Inhalt

Vorwort und Einleitung!

Die folgenden Worte sind nicht von Vorfahren oder von bekannten Schriftstellern übernommen worden, sondern diese Worte bedeuten etwas sehr Bewegendes, das ein Mensch erlebt und welche Gefühle er dadurch entwickelt hat. Ein Mensch, der Höhen und Tiefen in seinem Leben erfahren hat, und der dadurch gelernt hat, diese Tatsachen auf seine Persönlichkeit auswirken zu lassen.

Der Meinung nach des Verfassers dieser Schriften kann der Mensch aus diesen Aspekten sein eigenes Leben meistern und dadurch auch anderen Menschen zur Freude im Leben verhelfen. Viele harte Worte kommen auf Dich zu, wenn Du dieses Büchlein liest, aber es sind auch sehr schöne Gedanken dabei.

Ich will Dir in dieser Fassung mitteilen, wie ein Mensch Negatives mit Positivem verbinden kann.

Die Geschenke des Lebens

Das Leben eines Menschen ist gleichzusetzen mit dem Wachsen und Gedeihen einer Pflanze; denn, wenn es der Pflanze gut geht, wenn sie viel Licht, viel Wärme und viel Aufmerksamkeit erhält, kann sie schön werden und kann damit vielen Freude bereiten, wenn sie aber vernachlässigt wird, wird sie traurig und welkt mit der Zeit ab.
Beim Menschen ist es nicht anders, wenn er Freude gibt, erhält er Freude; wenn er Trostlosigkeit und Unmut gibt, bekommt er dasselbe zurück. Der einzige Unterschied zwischen Pflanze und Mensch besteht darin, dass der Mensch einen Verstand hat und denken kann. Deshalb hat der Mensch gegenüber allem, was Leben in sich hat, einen großen Vorsprung. Doch er hätte diesen Vorsprung nicht, wenn er ihm nicht geschenkt worden wäre von jemandem, der uns Menschen mehr liebt, als wir es zu schätzen wissen. Er hat uns alle gestaltet, und er hat uns geformt; aber wollte er uns genau so, wie wir sind? Wir müssen ihm dankbar sein für unser Leben!
Ich danke Dir Herrgott!
Wir sollen arbeiten an uns, an unserem Geist, an unserer Seele, dass wir uns einen gesunden und reinen Körper gestalten, der jederzeit bereit ist, für andere da zu sein und ihnen zu helfen und ihnen Freude zu bereiten.

In Dir versteckt sich soviel, aber Du weißt es nicht.
Gib Dir eine Chance, es zu entdecken und es aufzunehmen.
Es ist ein Geschenk Gottes, wenn Du es kannst.
Diese Geschenke dürfen wir nicht wegwerfen.
Wir sollen sie vielmehr bewahren in unseren Herzen und für die Herzen und Gedanken unserer Mitmenschen.
Viele Schriftgelehrte und Philosophen haben sich darüber schon den Kopf zerbrochen, und letztendlich sind sie doch zu der einen Erkenntnis gekommen:
dass alles nur in Dir selbst steckt.
Sei es die Vernunft, der Sieg über sich selbst, das Nachdenken über alles Mögliche oder Unmögliche.
Es ist egal, was es ist, es steckt nur in Dir und in sonst niemand.
Deshalb bist Du ein Wunder der Natur und ein Geschenk Gottes.
Du musst es nur empfangen können und wissen, dass es in Dir steckt.

Nur so kannst Du das Leben verstehen und weitergeben.

Das Leben, das ich lebe, habe ich mir nicht selbst geschenkt. Du hast es Dir auch nicht selbst geschenkt. Gott und Deine Eltern haben Dir dieses Leben geschenkt. Deshalb sollst Du zufrieden sein mit dem, was Dir in diesem Leben gegeben wurde und noch gegeben wird. Denn was Dir geschenkt wird und geschenkt worden war, sollst Du als Geschenk annehmen.

Niemand auf der Erde schenkt Dir mehr Liebe,
als Gott, Jesus Christus, Deine Mutter, Dein Vater
und Du selbst.

Bleiben wir weiterhin so gut gesinnt uns allen gegenüber,
wir werden weiter ernten von den Freuden und Gedanken,
die uns geschenkt wurden von Gottes Gaben.

Es ist schön, ein Fest zu feiern.
Es freut mich sehr, dieses Glück des Friedens mit meinen Freunden zu spüren.
Es gibt mir Kraft in der Einsamkeit,
mit Euch zusammen zu beten,
und es ist ein schönes Geschenk Gottes in Frieden zu leben.

Es ist schön, wenn Du sehen kannst,
es ist schön, wenn Du hören kannst,
und es ist schön, wenn Du sprechen kannst.
Es ist für Dich vielleicht selbstverständlich, dass Dir diese drei
Sinneswahrnehmungen gegeben wurden. Aber es gibt viele
Menschen, die eines, zwei oder sogar alle drei Geschenke nicht
mehr wahrnehmen können.
Solchen Menschen gebührt ein spezielles Lob, denn diese haben
eine Kraft in sich, die sich ein wahrnehmungsfähiger Mensch
nicht vorstellen kann. Eine Kraft, die die Geduld eines jeden von
uns übertrifft und die ihnen von Gottes Hand geschenkt wurde.
Nehmen wir diese Menschen als Beispiel für uns, dann werden
wir keinen Streit mehr haben. Wir wären so sehr zufrieden, wenn
wir nur öfters daran denken würden. Daraus resultiert auch der
Gedanke, dass wir immer wieder unserem Schöpfer für unsere
Gesundheit danken sollen. Und wir sollen versuchen, die
Menschen, die eines dieser Organe nicht mehr wahrnehmen, in
ihrer Freude und Kraft, die sie haben, zu bestärken, und sie als
vollkommener anzusehen, als wir es sind.

Die Freude, die Freiheit und die Zufriedenheit im Leben

Die Hoffnung der Menschen auf unserer Welt beschränkt sich für viele von uns auf eine Zufriedenheit, Fröhlichkeit und Geborgenheit. Jeder Mensch, der sich im Leben Gedanken macht, und der Gefühle aus sich herausgehen lässt, hat dieselben Gedanken! Aber diese Gedanken jemandem zu schenken, und auch die Gedanken der Freunde aufzunehmen, das bedeutet etwas für einen. Wenn Du das erlebst und annehmen kannst, bist Du ein großartiger Mensch und kannst von Dir selbst überzeugt sein. Niemals sollst Du Dich selbst verurteilen, denn der Mensch ist nicht dazu geboren, sich zu verurteilen. Denn Du sollst wissen, dass Du genau etwas anderes kannst, nämlich genau das, was in Dir steckt.

Alles will sich zur Zufriedenheit hin bewegen.
Die Zufriedenheit gibt Dir die Freude für den Augenblick.
Wovon hängt die Zufriedenheit ab?
Die Zufriedenheit hängt nicht von den Einflüssen der Umgebung ab. Nicht davon, ob Deine Mitmenschen fröhlich oder traurig sind. Und auch nicht davon, wie das Wetter gestern war, oder wie es morgen sein wird.
Die Zufriedenheit hängt nur von Dir allein ab.
Wie Du jeden Tag beginnst, wie Du ihn empfängst,
und wie Du die Aufgaben, die Dir an diesem Tag gestellt werden, auf Dich zukommen lässt,
davon hängt die Zufriedenheit ab.

Alles darfst Du erwarten in diesem Augenblick,
und nichts soll Dir in dieser Vollkommenheit im Wege stehen,
denn das, was Dir im Wege steht, macht Dich nicht vollkommen,
sondern unvollkommen.
Es ist sehr einfach, vollkommen zu werden und die
Vollkommenheit zu erlangen. Es bedarf nur eines gewissen
Selbsterlernprozesses, den jeder Mensch in sich hat. Diesen
Prozess soll man auf sich zukommen lassen, damit man jeden
Augenblick im Leben dafür auszurichten versucht, das zu erleben,
was einem etwas bedeutet.

Viel Freude überkommt Dich, wenn Du die Natur
genießen kannst. Die Berge sind herrlich und das Naturspektakel
ist wundervoll. Du wirst glücklich und dabei Deine Sorgen
vergessen können, die Du Dir sooft machst. Niemand kann dieses
Naturschauspiel, das unser Herrgott für uns gemacht hat,
beeinflussen. Und das ist sehr gut. Du kannst Dich in der Natur so
empfangen, wie Du das Gute in Deinem Herzen siehst.
Die Schönheit der Naturschauspiele zu erkennen ist eine Gabe
von unserem Schöpfer und von jedem einzelnen von uns, denn
jeder einzelne ist zur Natur gebunden und von der Natur
abhängig. Und aus dieser Abhängigkeit zur Natur
kannst Du in Dir die Freude zu einem schönen Leben erwecken
lassen. Jeder Morgen ist ein Naturschauspiel,
wenn Du weißt,
dass es ein Naturschauspiel ist.
Freue Dich Deines Körpers,
freue Dich Deiner Gedanken,
freue Dich Deines Geistes,
freue Dich Deiner Seele,
und sei froh, dass Du Dich freuen kannst!

Gedanken mit melodischen Klängen verbinden die Selbstverwirklichung mit der Ruhe in sich. Ein Mensch freut sich sehr auf ein neues Abenteuer, weil er dabei wieder etwas Neues lernt in seinem kleinen Leben. Würde er sich nicht freuen, könnte er nie die Selbstverwirklichung zu einem Ziel in seinem Leben machen.

Er hätte keine Vorstellungen, keine Wünsche und keine eigenen Positiverlebnisse, die er für sein schönes Leben sucht.

Empfindet er beim Suchen die Freude der Selbstverwirklichung, so wird er immer bereit sein, die Hand seines Mitmenschen zu nehmen und er wird auch versuchen mit diesem „Händchen" nicht nur seinem Mitmenschen sondern auch sich dabei viel Freude geben zu können. Denn am meisten Liebe erntet er dabei für sich, wenn er selbst genau sieht, wie sehr er jemandem mit seiner Liebe geholfen hat.

Dabei kann er die Welt neu entdecken und das Wissen für sich insofern erweitern, als er die Kraft der Liebe in sich wachsen lässt von den Erfahrungen des Weitergebens von seiner eigenen Liebe.

Die Freude in der eigenen Freude zu sehen
kannst Du mit Deiner Freude verstehen,
dann wirst Du Dich in andere Sphären begeben
und mit Deiner Seele zur Himmelsphäre schweben.

Ein Augenblick Fröhlichkeit ist wie ein Schmetterling,
der die Freiheit in seinen eigenen Flügeln sieht.
Wenn ein Schmetterling nicht mehr fliegen kann und keine Flügel
mehr hat, ist er hilflos und kann seine Qualitäten, die ihm
verliehen worden sind,
nicht mehr ausleben.

Die Freude im Leben ist eine Tatsache, der man sehr gerne ins
Auge sieht.
Man liebt es Freude zu verspüren und Freude weiterzugeben,
und man lebt und blüht so richtig auf, wenn man Freude
verspürt.
Doch wir hätten diese Freude nicht, wenn wir nicht auch die
Trauer kennen würden. Die Trauer verbindet die Augen mit
Tränen und die Freude verbindet den Mund mit einem Lächeln.

Silvester

Ein Jahr ist wieder vorbei.
Was hat es mir gebracht.
Ich weiß es nicht.
Das nächste bringt mir mehr.
Ich weiß es, nein ich weiß es doch nicht.
Viele Menschen habe ich wieder kennen gelernt, und Dich haben
auch viele kennen gelernt, aber hast Du Dich selbst kennen
gelernt?
Nein, ich habe mich nicht selbst kennen gelernt,
denn ich kenne mich schon seit meiner Geburt,
und will mich auch nicht mehr kennen lernen.
So will ich bleiben, wie ich bin.
Bin ich so, wie ich will?
Nächstes Jahr vielleicht, heuer nicht mehr.
Aber was ist übernächstes Jahr, und übernächstes
und überübernächstes?
Dasselbe wie heuer, oder doch nicht?
Nein der Tag ist es, der Dich glücklich macht und nicht das Jahr.
Heute ist 96.
Morgen ist 97.
Was ist der Unterschied?
Der Unterschied ist der, dass Du morgen aufstehst.
und vielleicht alles verstehst.

Zeig Deine Fröhlichkeit,
und verstecke sie nicht!

Freiheit

Freiheit ist die Unbegrenztheit des Kosmos,
Freiheit ist auch,
den Verstand dazu haben,
sich im Geiste frei zu machen;
frei zu machen für alles,
was gut ist,
was anderen und Dir selbst helfen kann
und niemals schaden wird!
Freiheit musst Du erleben
und nicht erzwingen.
Denn wenn Du Freiheit
mit Kraft und Kampf bekommen willst,
ist es keine Freiheit
sondern eine Verschlossen- und Verborgenheit,
die Dich immer weiter in Dein eigenes EGO treiben
und das ALIAS im anderen nicht mehr sehen!

Wünsche

Was Du Dir auch wünschst, es soll Dir zum Guten verhelfen.
Ich wünsche Dir die Gabe, Dich in Deinem Leben so zu sehen, wie
Du Dich in Deinen schönsten Momenten erlebst.
Ich wünsche Dir, dass Du Deine Sinnesorgane mit Deinem Herzen
zur Zufriedenheit bringen kannst. Gib Deinen beiden Augen eine
Chance das schöne in Deinem Leben zu sehen und versuche mit
Deinen Ohren genau das zu hören, was Dir gefällt. Rieche die
lieblichen Düfte der guten Speisen, vergiss dabei nicht den Geist
in Deinem Kopf, der Dein Lenkrad für Dein Leben ist. Benutze
Deinen Mund, Deine Zunge und Deine Lippen als Werkzeug der
fröhlichen und gutgesinnten Worte. Lass Deine Hände immer
bereit sein, grüßen zu können und umarmen zu können. Und Du
wirst sehen, wie schön es sein kann Dein Leben.

Sei darauf bedacht,
Deinem Geist und Deinem Körper
Freude und Gesundheit zu geben,
in jeder Situation Deines Daseins.

Die Liebe

Viele Klagen, viel Neid, viele deterministische Gedanken,
wenig Beherrschung, wenig Zufriedenheit, wenig Liebe.
Mehr Krieg, mehr Vernichtung, mehr Zerstörung des Lebens,
weniger Zuneigung, mehr Selbstlosigkeit, weniger Akzeptanz.
Ein bisschen Hass, kein bisschen Liebe.
Ein bisschen Trauer, kein bisschen Freude.
Nur ich selbst und sonst nichts.
Sehr bedauernswert, wenn jemand solche Gedanken als
Lebenseinstellung nimmt. Aber es gibt Menschen, die diese
Gedanken als Ideal für sich empfinden.
Ich kann keinen Menschen verurteilen, der so empfindet, denn
ich habe nicht das Recht dazu, jemanden zu verurteilen. Aber ich
werde immer versuchen, solchen Menschen genau das Gegenteil
von ihrer Anschauung einzureden, denn meine Gedanken
bewegen sich auf einer anderen Ebene;
es ist dies eine Anschauung, die einer sehr, sehr schönen
Tatsache in diesem Leben entspricht:
Nämlich .... Liebe, Liebe, Liebe.

Die Liebe verbindet alle Gedanken, alle Menschen und Rassen,
die so unterschiedlich sein wollen,
aber in ihrem Inneren nicht immer so sind.
Denn das Innere im Menschen ist das Wesentlichste,
was ein bewusst lebender Mensch von sich geben kann.

Jeder Mensch hat die Liebe in sich, und keiner soll sich vor ihr verstecken. Was wäre es für ein Chaos auf dieser Welt, wenn die Liebe nicht existieren würde. Kein Wissenschaftler, kein Philosoph, kein Priester könnte sich vorstellen, wenn die Menschen engstirnig aneinander vorbeigehen würden, sich nicht grüßen würden und letztendlich keine Familie gründen würden. Es wäre schlicht und einfach gesagt, eine trostlose Welt ohne die Liebe, die uns mitgegeben wurde.

Also lasst uns lernen, Liebe zu geben und Liebe empfangen zu können.

Fast möchte man glauben, dass die Menschheit soweit ist, alles zu beherrschen,

doch dem ist nicht so!!!

Es gibt Gesetze, denen wir gehorchen sollten, damit wir und unsere Nachkommen das Erdenleben noch lange genießen können.

Diese Gesetze beginnen in der Religion für jeden Menschen:

Glaube und glaube nochmals und vielmehr an den einen Gott:

Möge es für Dich unser Herrgott sein,

oder für andere möge es Buddha, oder Mohamed sein,

es ist nur wichtig, dass du glaubst;

an das, was nach deinem irdischen Leben passieren wird.

Und diese Gesetze, wie oben erwähnt, gehen weiter in der Liebe des Menschen:

Die Liebe ist herrlich, gütig und göttlich, und sie wird von ewiger Dauer sein, wenn Du den Glauben hast. Der Glaube bringt die Liebe mit sich, und wird die Liebe immer dorthin führen, wo 2 oder 3 in diesem Glauben (in seinem Namen) beisammen sind. Und wenn Du die Liebe gefunden hast, kannst Du hoffen.

Hoffnung macht Dich stark, und gibt Dir die Kraft für den nächsten Schritt in Deinem Leben. Und aus der Hoffnung findet man den Glauben und die Liebe,
die uns allen eingegeben wurde bei unserer Erdengeburt!
Somit sind diese drei göttlichen Tugenden ein Beweisstück der Tatkraft unseres Herrn Jesus Christus und auch ein Beweis dafür, dass ohne diese Tugenden keine Familie und keine Gemeinschaft sinnvoll existieren kann.
Denn Jesus Christus zeigte uns in seinem irdischen Leben diese Tugenden .

Was bedeutet Liebe?
Liebe bedeutet, etwas zu geben
ohne etwas zu erhalten!

Es ist nicht alles Gold, was glänzt

Die Kraft des Menschen,
alles glänzen zu lassen,
was er glänzen sehen will,
besteht allein in der Liebe!

Liebe ist unvergänglich wie die Weite des Meeres.
Liebe *entsteht* dort, wo jemand nicht allein ist.
Liebe **besteht** dort, wo man Vertrauen finden kann.
Liebe wird dort von ***Ewigkeit*** sein,
wo Verzeihung und Vergebung Platz finden!

Worte der Liebe

Licht bedeutet Wärme
Finsternis bedeutet Kälte
Egoismus bedeutet Hass
Das Gegenteil von Hass......bedeutet Liebe.

Was bedeuten Worte?
Worte bedeuten Gutes oder Schlechtes.
Worte bedeuten das,
was man mitteilen will.
Worte sind unabkömmlich.
Schöne Worte erfreuen einen Menschen.
Schlechte Worte machen die eigenen Vorstellungen und Ziele
zunichte.
Worte sind also sehr bedeutsam.
Deshalb muss es für jeden von uns ein Ziel sein,
die richtigen Worte der Liebe zu finden!

Eine klare und kalte Herbstnacht strömt vom atlantischen Ozean über die Gedanken der europäischen Bürger einher mit einem nicht klaren Abendstern.

Er, der Abendstern ist es, der die Menschen zum hellen Licht führen wird. Und geborgen wird er sich immer fühlen, der Abendstern. Aber was ist mit dem Morgenstern? Wird er die Erwartungen des Abendsterns übertreffen oder nicht?

Es gibt nur eine Antwort:

und die lautet:

Stern bleibt Stern ,Liebe bleibt Liebe, aber alles was ewig bleibt und nie vergeht, sind wir Erdenbürger mit unseren Gedanken; denn wir sind ewig mit unserer Seele und unserer Liebe, die wir erhalten haben.

Die Liebe,
sie ist wunderschön, herrlich und beruhigend,
auf Fehler bedacht und doch sinnvoll in ihrer Einzigartigkeit.
Sie ist die Gabe von unserem Schöpfer,
doch einseitig soll sie nicht sein,
denn sie braucht zwei Menschen
und die Güte der Dankbarkeit.

Ich weiß manchmal nicht, wie die Menschen denken,
ich habe meine Denkweise von meinen Eltern
und von Jesus Christus erfahren:
und diese Denkweise ist eine Denkweise des Liebens,
des Daseins für den anderen,
des Helfens und des „Miteinander".

Die größte Liebe, die ich in meinem Leben erhalten habe,
war die Liebe meiner Mutter und die Liebe meines Vaters.
Die zweitgrößte Liebe in meinem Leben,
war die Liebe meiner Geschwister und die Liebe meines
Großvaters, und die drittgrößte Liebe war die Liebe meiner
Ehefrau.
Und verbunden mit all dieser Liebe,
die ich in meinem Leben erhalten habe,
fand ich die Liebe von und zu unserem Schöpfer,
zu unserem Herrgott und seinem Sohn Jesus Christus.

Das Leben ist nicht immer schön,
aber man kann es sich schön machen,
indem man viele Dinge ignoriert,
und nur die eine Sache zum Ziel hat:
DIE LIEBE GOTTES UND ZU SICH SELBST,
dann wird das Leben immer schön sein.

Die 3 göttlichen Tugenden, das Leben und der Tod

Die drei Tugenden Glaube, Hoffnung und Liebe
das Leben und das Sterben

Warum glaubst Du?

Glaube gibt Dir Kraft und
große Hilfe in Deinem Leben,
alle Probleme zu meistern!

Warum hoffst Du?

Hoffnung macht Dich fröhlich für Deine Zukunft,
damit Du mit voller Kraft jeden Tag aufs Neue beginnen kannst.

Warum liebst Du?

Die Liebe ist das schönste, was uns unser Schöpfer für unser
Leben geschenkt hat. Und in Jesus Christus gab er uns ein Beispiel
für die große Liebe, die wir in uns heranreifen lassen dürfen bis
hin zur ewigen Unvergänglichkeit unseres Daseins.
Die Liebe ist das Leben und aus der Liebe wächst alles, was wir in
uns verspüren, und was uns zu zufriedenen und geduldigen
Menschen macht.
Viele Religionen und Philosophien gibt es auf dieser herrlichen
und wunderschönen Erde, aber die eine Religion, die uns unser
Schöpfer für jede Glaubensgemeinschaft mitgab, war die Religion
der Liebe, denn die Liebe ist das Vollkommenste , was wir
Erdenbürger von unserem Vorbild bekommen haben.

Warum lebst Du?

Weil Du auf dieser Welt viele Menschen glücklich machen willst,
und weil Du die Herzen der anderen kennst und genau weißt,
dass auch diese Herzen glücklich und fröhlich werden wollen. Sie
werden glücklich, wenn Du ihnen Deine Lebensfreude zeigen und
ihnen damit beweisen kannst, wie sehr Dich Dein Leben freut.
Dann werden auch sie von Deiner Freude ernten können.

Und warum stirbst Du?

Freue Dich auf Dein nächstes und ewiges Leben.
Wenn ein Mensch stirbt, der Dir sehr nahe liegt, und mit dem Du
in Deinem Leben vielleicht sehr viele schöne Jahre verbracht hast,
ist es ein großer Schmerz für Dich. Ich kann Dir nur eines sagen,
denke dabei nicht zu sehr an Dich, wie es Dir dabei geht, weil Du
diesen Menschen verloren hast, sondern freue Dich für diesen
Menschen, weil er bereits die ewige Herrlichkeit erlangt hat. Er
lebt in einer uns fremden Welt, die wir dann erfahren dürfen,
wenn für uns die Zeit kommen wird. Für diesen Menschen aber,
der Dir sehr nahe am Herzen lag, war die Zeit bereits gekommen
und deshalb sollst Du Dich freuen für ihn. Er ist uns einen Schritt
voraus, den wir erst bewältigen müssen.

Freue Dich auf das Sterben,
denn dann beginnt ein neuer Lebensabschnitt für Dich,
ein Lebensabschnitt, den wir als sterbliche Menschen nicht
kennen. Dieser Weg wird der schönste für Dich sein.

Wenn Du stirbst,
dann wird Dein Körper für immer vergraben.
Deine Seele, Dein Geist
und Deine Gedanken aber leben immer weiter.

Der Herr hat's gegeben,
der Herr hat's genommen,
das irdische Leben.
der Herr hat's wieder gegeben,
der Herr wird es nie mehr nehmen,
das ewige Leben.

Hilfe

Hilfe ist ein Wort,
das Angst hervorruft.
Hilfe ist aber auch eine schöne Tat,
wenn man sie geben kann.
Deshalb müssen wir zusammen helfen,
um Hilfe geben zu können.

Wenn ich sterbe,
und auch einen sehr schmerzhaften Tod auf mich nehmen muss,
so möchte ich dennoch, dass Ihr alle mit mir die Fröhlichkeit
teilen könnt, die ich dann durch meinen Glauben, meine
Hoffnung und meine neue Liebe empfinden werde.
Denn ich bin mit meinem liebenden Herzen immer bei Euch,
und wer die Liebe in sich hat,
ist auch mit seinem liebenden Herzen bei mir,
bis wir uns alle wieder finden
in der ewigen Glücksseeligkeit und Geborgenheit unseres
Schöpfers.

Der Tod

Den Tod gibt es nicht nur als Trauerfunktion; dieses Wort existiert als Realität und hat zwei Funktionen; zum einen eine irdische und zum anderen eine überirdische. Im irdischen Gedanken ist dieses Wort gleichzusetzen mit Lebensende und sonst nichts. Doch im überirdischen Sinn bedeutet dieses Wort „Neues Leben". Die Frage nach dem, wie dieses neue Leben aussehen wird, darf sich jeder Mensch selbst beantworten, doch er weiß nicht, ob seine Antwort eintreten wird. Die korrekte Antwort dazu weiß nur die Göttlichkeit und vielleicht die verstorbenen Unfehlbaren. Es kann jedoch ein jeder Mensch dazu beitragen, sich eine hoffnungsvolle Antwort zu geben, indem er in seinem Leben dafür bereit ist, Gutes zu tun. Gutes zu tun bedeutet für mich, zwei Grundsätze leben zu lassen: diese Grundsätze sind zum einen, die Religion und den Glauben zu achten und zum anderen bedeutet es auch die Liebe zu unserem Schöpfer, die Liebe zu sich selbst und die Liebe zu jedem Mitmenschen ebenfalls zu leben. Kein Mensch wird dazu gezwungen, denn jedem wurde die Freiheit gegeben, sich selbst zu entscheiden. Schon allein aus diesem Grund ist es ein wundervolles Erlebnis, wenn ich weiß, ich darf meinen Weg, den ich gehe, selbst entscheiden.

Also entscheiden wir uns für den Weg, bei dem wir uns die Frage mit zwei Antworten selbst geben können: dann werden wir in unserem Glauben einen friedvollen Weg in der Liebe finden können.

Wohin mich mein Weg auch führen wird,
so viele Fehler ich auch mache in meinem Leben,
es gibt nur ein Ziel für mich.
Das Ziel nach meinem Tod ist Jesus Christus und unser Herrgott.
Beide werden mich verbunden mit dem heiligen Geist immer
lenken.
Ich werde bereit sein,
vor ihr Angesicht zu treten,
wenn sie mich rufen werden.

Gebete

Der Morgen beginnt mit dem Licht,
das in Dir wächst,
und Dich für diesen Tag gedeihen lässt.
Der Abend endet mit der Hoffnung auf das Morgen
und auf die neue Kraft,
die Du morgen erfahren darfst.

Morgengebet

Für diesen Morgen will ich Dir danken,
Jesus Christus.
Es ist schön, dass Du bei mir bist.
Gib mir die Kraft für den heutigen Tag,
dass ich alles,
was auf mich zukommt,
in Verbindung mit Deinen Gedanken erleben kann.
Amen.

Tischgebet

Lieber Herrgott,
Du gabst uns die Geschenke der Natur.
Ich will Dir danken dafür.
Ich will Dir auch danken,
dass Du mir das tägliche Brot schenkst.
Danken dafür, dass ich speisen darf von den Erträgen Deiner
Ernte.
Amen.

Abendgebet

Es war ein schöner Tag.
Ich erlebte sehr viel.
Ich danke Dir dafür Jesus Christus,
und ich danke Dir auch dafür,
dass Du den Weg bereitet hast für uns.
Ich danke Dir für meinen Geist und für meine Seele.
Ich bin glücklich und froh, dass Du an mich denkst.
Vielen Dank für alles und Gute Nacht.
Ich freue mich schon wieder auf morgen und auf die Geschenke,
die ich morgen beim Beginn des Tages erhalten werde.
Amen.

Wenn du versuchst in einer fröhlichen Welt zu leben,
dann lebe mit Gott,
bete jeden Tag zu ihm,
er wird dir helfen,
dein Leben auf dieser Erde zu meistern.

Wenn Du verzweifelt bist oder wenn Du glaubst, Dein Körper kann nie zur Ruhe kommen, bete einen „Vater Unser", unterhalte Dich mit Jesus Christus, anderen Heiligen oder mit Angehörigen, die bereits verstorben sind. Jedes gute Wort, das Du von Dir gibst, werden sie hören, und dafür ein gutes Wort für Dich einlegen bei unserem Meister. Und anschließend wirst Du feststellen, wie gut es Dir nachher geht; wichtig dabei ist, sich vollkommen diesem Gebet und diesem Gespräch zu widmen, denn dann wirst Du immer eine Antwort erhalten, die Dir weiterhelfen und Dich zur Ruhe hinführen kann.

Im Gebet leben all die Gedanken meiner Weisheit,
Gott gab mir diese Weisheit,
als ich geboren wurde von meiner Mutter,
und mein Vater mich zeugte.
Nichts bedeutet mir mehr,
als die Liebe.
Die Liebe Gottes und die Liebe meiner Eltern und Geschwistern
ist das größte, was mir mein Herrgott geschenkt hat.
Wie schön ist es doch, lieben zu können,
und Liebe weiter geben zu können.

Möge unser Herrgott und sein Sohn Jesus Christus
uns immer begleiten,
mit der Kraft des heiligen Geistes, seines Vaters
und auch mit dem Schutz unserer Schutzengel !

Folgende Worte sind meiner Meinung nach von großer
Bedeutung;
Liebe deinen Gott,
wie du dich selbst liebst.

Jesus ist immer für uns da,
ob wir Fehler machen oder nicht,
er ist an unserer Seite,
ob Katastrophen und Gesundheitsprobleme auftreten,
er ist da:
wir brauchen ihn nur rufen und beten zu ihm,
er kommt und hilft jedem von uns, auch wenn es noch so große
Probleme sind.

Schutzengel und Weihnachten

Die Liebe der Schutzengel

Vor einiger Zeit lebte in einem kleinen Waldhäuschen eine Familie; die Familie bestand aus sieben Kindern Gottes, zwei Buben, ein Mädchen; Mutter und Vater, und die Grosseltern lebten auch noch in diesem Haus. Es war ein schönes Leben, das diese Familie lebte, und alle waren sehr glücklich. Die Eltern arbeiteten beide sehr viel, um genug Geld zur Ernährung für die gesamte Sippschaft zu erhalten.
Großmutter und Großvater waren nicht mehr ganz bei Kräften und waren deshalb sehr zufrieden, dass sich die Eltern ihrer Enkelkinder um deren Wohl kümmerten.
Die Kinder fuhren tagtäglich mit dem Bus in die Schule und lernten dort sehr viel. Sie waren alle drei sehr klug und wussten alle drei sehr viel.
Und eines Tages beim Nachhause gehen von der Schule sagte der Älteste der Geschwister zu den beiden Jüngeren: Ich habe heute in Religion bei meinem Lehrer ein „minus" bekommen, weil ich nicht wusste, welche Aufgaben ein Schutzengel zu bewältigen hat. Wisst ihr es etwa?
Sein kleiner Bruder sah ihn etwas verdutzt an, blickte zu seiner Schwester und sagte:
Ein Schutzengel passt auf uns auf, damit uns nichts passiert. So gingen die drei nach Hause und erzählten sich, was sie an diesem Tag in der Schule gelernt hatten.
Als sie zu Hause ankamen, erwarteten sie ihre Eltern und ihre Grosseltern mit einer starken und kräftigen Jause. Danach saßen alle drei Kinder beim Erledigen ihrer Hausaufgabe. Am schnellsten fertig war das Mädchen, denn es musste noch nicht soviel lernen, wie ihre beiden großen Brüder.

Sie fragte ihre Mutter: Darf ich noch ein bisschen in den Wald gehen, und ein wenig mit den Tannenzapfen spielen?

Die Mutter willigte ein, und so ging das Mädchen in den Wald zu den Tannenzapfen, um ein wenig zu spielen. Als sie dort hin ging, dachte sie auch an die Frage ihres großen Bruders, der danach fragte, welche Aufgaben ein Schutzengel hätte. Und als sie bei ihrem Spielplatz mit den Tannenzapfen war, spielte sie mit vollster Zufriedenheit. Doch plötzlich wurde sie von einer Stimme unterbrochen, die zu ihr sagte: Ich bin dein Schutzengel und werde immer aufpassen auf dich, ich liebe dich und deshalb wirst du immer glücklich sein. Gehe zu deinem Bruder und teile ihm mit, dass ein Schutzengel die Aufgabe hat, seinen Betreuer zu lieben und auf ihn aufzupassen. Das Mädchen war ganz begeistert von der Strahlung dieser Begebenheit, lief nach Hause und erzählte ihrer Mutter als erstes von dieser wunderschönen Erscheinung. Die Mutter bewunderte die Aussagekraft ihrer Tochter und beschloss, dies auch den anderen Familienmitgliedern zu erzählen.

So saß die gesamte Familie an diesem Abend zusammen und die Mutter begann von der Erscheinung des jungen Mädchens zu erzählen. Als die Mutter bei der Stelle war, als der Schutzengel zu ihrer Tochter gesprochen hatte, sprang das Mädchen auf und sagte: „Kommt lasst uns zu der Stelle gehen. Es ist nicht weit weg von hier, ich möchte es euch allen zeigen, wo es war".

So ging die gesamte Familie in den Wald. Vater und Großvater gingen voran, und das Mädchen zeigte ihnen den Weg. Als sie an der Stelle angelangt waren, blieb das Mädchen stehen und sagte: „Seht her hier ist es gewesen." Und sie zeigte mit dem Finger auf einen ein Meter hohen Tannenzapfenberg. Das Mädchen sagte: „Dieser Berg war am Nachmittag noch nicht hier, ich glaube mein Schutzengel will uns zeigen, dass ihr mir glauben müsst und dass er uns alle sehr lieb hat."

Die Erwachsenen und die anderen beiden Kinder konnten es nicht glauben und waren sehr erstaunt über die Worte des Mädchens. So standen sie nun da und sahen den Berg von Tannenzapfen mit versteinerten Blicken an. Der Großvater begann als erster zu sprechen und sagte: „Du bist ein sehr kluges und vernünftiges Mädchen. Deshalb wollen wir dir alle glauben. Aber jetzt gehen wir wieder nach Hause, denn es ist schon spät geworden." So gingen alle wieder nach Hause und beredeten dieses sonderbare Ereignis. Als sie zu Hause waren, war es bereits dunkel und Zeit für die Kinder schlafen zu gehen. Als alle drei Kinder im Bette waren, sagte die Mutter noch zu ihnen. Lasst uns noch ein schönes Gebet zu euren Schutzengeln sprechen, dass sie euch auf euren Wegen immer begleiten mögen, und dass sie gut auf euch aufpassen. An diesem Abend beteten die drei Kinder ganz besonders gerne und andächtig, weil sie dieses Erlebnis alle beeindruckt hatte. Danach ging die Mutter wieder ins Wohnzimmer und die Erwachsenen diskutierten noch bis in die Nacht hinein über diese wunderschöne Begebenheit. Bevor sie alle gemeinsam zu Bett gingen, beteten auch sie ein Gebet zu ihren Schutzengeln, um möglichst viel vom Segen Gottes in der Familie zu erhalten. Dann gingen sie alle schlafen.
Am nächsten Morgen erwachte der größere Bruder als erster und er weckte als allererstes sein kleines Schwesterchen und sagte zu ihr: „Ich habe von meinem Schutzengel geträumt. Er war so schön und nett, ich glaube an deine Geschichte, und werde in der Schule meinem Religionslehrer davon erzählen, damit er mir mein „Minus" wieder ausstreicht." Und so nach und nach standen alle auf und saßen gemeinsam beim Frühstück. Auch die anderen erzählten von ihren Träumen, wie es bei dieser Familie üblich war. Und es war seltsam, alle sieben träumten an diesem Tag von ihren Schutzengeln. Sie liebten es, an ihren Traum zu denken und darüber zu reden. Sie verspürten alle plötzlich noch eine tiefere Liebe als zuvor und waren alle sehr glücklich, dass dieses Ereignis stattgefunden hatte.

Am meisten Glück erfüllte das kleine Mädchen, das von diesem Zeitpunkt an den Mittelpunkt in der Familie einnahm; denn das Mädchen ging immer wieder zu dieser Stelle und begann zu beten an diesem Ort. Manchmal kam der Schutzengel wieder zu ihr und sagte ihr, dass es eine besondere Rolle in diesem Leben spielt. Das Mädchen war sehr froh über diese Erscheinungen und teilte aber niemandem mehr davon etwas mit, denn die anderen in der Familie glaubten ihr bereits. So blieb es dann für immer ein kleines Geheimnis des Mädchens, dass sie die Gnade und Gabe Gottes hatte, sich mit ihrem Schutzengel zu unterhalten.

Und vielleicht ist dieses Mädchen nun der Schutzengel von dir.

Auszug aus dem Tagebuch eines gestressten Konsummenschen in der Vorweihnachtszeit

1. Adventsonntag

Endlich beginnt wieder die Weihnachtszeit, in der ich mich in aller Ruhe und Besonnenheit auf das Fest vorbereiten kann. Ein angenehmer Gedanke verbindet mich dabei mit dem Duft von Weihrauch und Kerzenlicht. Aber oje, weder Weihrauch noch Adventkranz ist im Haus. Schnell rase ich los, um noch irgendwo beides zu besorgen. Erst als ich im Auto sitze fällt mir ein, dass am Sonntag keine Geschäfte geöffnet haben. Ach wie gut wäre es, wenn es auch lange Einkaufssonntage geben würde. Unsere Politiker sind auch nicht mehr das Gelbe vom Ei. Das fängt ja gut an.

In der folgenden Woche darauf

Ich eile von einem Fest zum anderen. Zuerst das Krampusfest, dann das Nikolausfest und dann am 2. Adventsamstag noch eine Weihnachtsfeier. Bei jeder Feier wird gesoffen bis in die frühen Morgenstunden. Nach diesen Tagen gleicht mein Körper einem Baum, der im Spätherbst seine Blätter verliert.
Endlich der zweite Adventsonntag. Wieder ein Tag zum ausruhen. Meine Gedanken sind unklar und leer, und meine Gefühle gleichen einem tobenden und reißenden Wildbach. Draußen hat es noch keinen Schnee. Ich will Schifahren. Ich habe noch keine Geschenke. Ich bleibe den ganzen Tag im Bett aus Frust. Wann wird es wohl schneien?

In der Woche zum 3. Adventsonntag

Endlich ein Urlaubstag, an dem ich meine Geschenke besorgen kann. Ausgerechnet heute muss es schneien. Ich stehe zwei Stunden im Stau. Endlich im Geschäft angekommen:
Alle kaufen, kaufen und kaufen. Auch ich kaufe. Wie von einem Zwang besessen versuche ich inmitten der Menge mein Geld auszugeben. Von einem Geschäft ins andere haste ich und bemerke in meiner Kaufwut nicht einmal, dass ich mehrere Geschenke zweimal eingekauft habe. Mit Entsetzen muss ich zu Hause feststellen, dass kein sinnvolles Geschenk unter meinen Einkäufen dabei ist. Der Verkäufer hat wohl meine Gutmütigkeit ausgenutzt. Aber was soll's, Hauptsache ist, ich habe die Geschenke. Egal, ob sinnvoll oder sinnlos. Die sollen froh sein, dass sie überhaupt etwas bekommen.

Der dritte Adventsonntag.

Ich gehe in die Kirche. Der Pfarrer predigt. Ich höre nicht zu. Draußen regnet es. Ich verlasse die Kirche. Ich gehe Schifahren. Es regnet immer noch. Ich bin zerstreut, fahre nach Hause, trinke ein Gläschen, und zünde den Adventkranz das erste mal an.

In der letzten Woche vor dem Heiligen Abend

Alles ist ausgerichtet auf den einen Tag. Das ganze Dorf wird geschmückt. Die Leute sprechen nur noch von einer Sache. Man und Frau sind innerlich aufgewühlt und nach außen doch befreit. Es regnet nicht und schneit auch nicht. Die Sonne zeigt sich auch nicht. Es ist sonderbar. Der Christkindlmarkt hat auch schon geschlossen. Es gibt keinen Glühwein mehr. Es scheint, als wäre der große Lärm vorbei, und alles steuert auf den besagten Tag hin. Der Tag kommt immer näher. Ich bin jetzt schon gespannt. Hoffentlich geht alles gut vorbei. Die Leute werden ruhiger. Die Straßen werden leer. Ich sehe keinen Menschen mehr. Der Tag ist da. Ich beginne schon die Stunden zu zählen, wann endlich das Glöckchen am Christbaum läuten wird. Die Nacht bricht herein und der Schnee glitzert im Mondschein. Es ist soweit. Das Christkind naht.
Der Stress ist vorbei
das Glöckchen klingelt
der Christbaum ist schön
und die Freude ist groß

Ich packe meine Geschenke aus
und das Tagebuch ist aus!

Die Moral von der Geschichte
Es nimmt alles seinen Lauf.
Stress hin Stress her,
es weihnachtet sehr.
Aber es ist leider alles nur ein Brauch.

Krieg und Friede

Das Wort Krieg hat fünf Buchstaben.
Das Wort Friede hat sechs Buchstaben.

Krieg beginnt mit
dem Buchstaben „K"
und „K" bedeutet Kapitalismus.
„R" ist der nächste Buchstabe im Wort
Krieg
und „R" bedeutet soviel wie Rache
und Rassismus.
Das „I" heißt Irrsinn und „E" ist nichts
anderes als Egoismus.
Und der letzte Buchstabe das „G" bedeutet Gewalt!

Was bedeuten die Buchstaben im Wort Friede?
„F" ist FREUDE
„R" ist RUHE
„I" ist IMMER
„E" ist ERDE
„D" ist DANKBARKEIT
und ein weiteres
„E" ist
ERLEBNIS

Nun kannst Du Dich entscheiden lieber Mensch, welches dieser
Worte Du lieber in Deinen Mund nimmst.
Ich kann Dir nur einen Ratschlag geben:
Nimm das Wort, das mehr Buchstaben hat, dann kannst Du den
letzten Buchstaben im längeren Wort zu einer guten Seite in
Deinem Leben machen!

Osama bin Laden – ein Verbündeter des Teufels?

Was ist das für ein Mensch? Gekennzeichnet durch die Gräueltaten, die ihm vorgeworfen werden, muss er sich wohl verstecken in seinem Dasein vor seinem eigenen Ich. Hat dieser Mensch die Gräueltaten von Amerika auf sein Konto zu schreiben, so braucht er nicht stolz sein, sondern er sollte traurig sein für seine Missetaten und grenzenlose Gewalttätigkeit. Kein gläubiger Mensch kann diese Taten befürworten; doch die „Kriegsfanaten" begründen diesen Krieg in ihrem Glauben, was absolut irre ist. Der Glaube der Moslems, der Islamisten, der Buddhisten, der Hinduisten, der Katholiken... , einfach der Glaube jeder Religion auf dieser Erde beruft sich nicht auf Krieg sondern auf Frieden. Es gibt nur oft Falschinterpretationen einzelner Menschen, die aus dem Glauben und aus der Religion den Krieg suchen. Diese Menschen wollen sich zu Göttern auf irdischem Boden machen, und versuchen dieses Ziel mit Gewalt zu erreichen. Doch sobald sie Gewalt einsetzen, sieht die gesamte Menschheit sich dazu berufen, sich gegen diese Art von Menschen zu wehren und ihnen entgegenzuhalten. Deshalb ist es gut, wenn möglichst viele Menschen in der Religion das Ziel des Glückes, des Betens, des Helfens und des Friedens suchen. Osama bin Laden, ein Mann mit irrsinnigen Gedanken, Gedanken des Neides und des Hasses gegenüber dem Fortschritt der zivilisierten Welt, ein Mensch geprägt von den Ideen des Teufels; ein Mann, der bewusst vernichtet und zerstört, ein Mann, der diese Gedanken in seinem Geiste gedeihen ließ.
Er wollte den Kummer in der Welt sehen, er wollte sehen, wie traurig die Menschheit sein kann, wenn man sie an einem wunden Punkt trifft. Aber das eine Problem, das dieser Mensch hat, ist folgendes: →

Er versteckte sich, und war ein großer Angsthase in meinen Augen. Er kann nicht fliehen, will sich aber auch nicht stellen der Verantwortung, die er mit seinen Verbrechen begangen hat. Er ist zu schwach im Geist, um Gespräche führen zu können, er hat keinen sinnvollen Geist; er schlägt dann zu, wenn er weiß, dass er sich bei niemandem recht zu fertigen braucht. Eine große Schwäche für einen Herausforderer.

Ein jeder Mensch hat zwei Gesichter, aber dieser Mensch hat nur noch das Gesicht des Teufels, wenn er sich in seiner Unbekümmertheit weiterhin versteckt. Wir kennen diesen Menschen nicht, und wir sind diesem Menschen sehr fern, denn wir lieben nicht die Gewalt. Wir lieben es, Entscheidungen treffen zu dürfen, zwischen zwei Dingen, zwischen gut und böse. Manchmal trifft man eine gute, manchmal eine schlechte Entscheidung für sich; doch dieser „bin Laden" kann anscheinend nur eine Entscheidung treffen, die für ihn „gut" aber für alle anderen böse ist. Die Entscheidung des Krieges und des Vernichtens von den schönen Dingen im Leben, die uns unser Herrgott gab. Den Frieden hat „bin Laden" wohl nie in seinem Leben erfahren dürfen, das materielle für Krieg und Gewalt durfte er erfahren.

Warum ein Mensch mit soviel Macht und Geld zu solchen Taten fähig ist, verstehe ich nicht. Er muss wohl geistig gestört sein oder einen Wahn in seinem Leben haben, den unsereiner nicht versteht.

Es ist traurig für mich, wenn Menschen zu solchen Taten bereit sind, wie sie dieses Jahr passiert sind. Es ist schlicht und einfach gesagt kein religiöses Motiv sondern ein Motiv und Zeichen des Teufels, dass er die Kraft der Erde immer noch beeinflussen kann. Diesen Teufel müssen wir besiegen; den Teufel im kleinen Bereich zu bekämpfen, beginnt bei jedem einzelnen von uns, indem wir uns für das Gute entscheiden. →

Im Hintergrund in unseren Gedanken bewegen sich zwei unterschiedliche Gedanken. Zum einen steht hinter uns auf einer Seite das Böse und auf der anderen Seite das Gute.
Wir können und dürfen uns frei entscheiden. Eine freie Entscheidung ist immer gut und eine freie Entscheidung für das Gute ist besser als eine freie Entscheidung für das Böse.

Es stimmt mich traurig,
wenn ich den Nahen Osten sehe,
wo Krieg und Terror zum Alltag gehören.
Meine Augen füllen sich mit Tränen,
mein Gesicht gleicht einem Bild des Abgrundes,
wenn ich weiß, was diese Menschen vernichten.

Diverses

Verstand, Herz, Geist und Seele

Der *Verstand* eines Menschen ist wie eine **Lawine**,
er wird überrollt von den Tatsachen des Alltags,
aber er überrollt auch alles, was ihm begegnet.

Das *Herz* im Menschen ist wie ein **Gletscher**,
es schmilzt wenn es heiß ist,
doch es kann bei Kälte eiskalt und starr werden.

Der *Geist* und die *Seele* im Menschen
sind wie die **Sonne** und die **Finsternis**,
Der Geist kann klar oder dunkel sein,
und die Seele kann weiß oder schwarz sein.
Lasst uns das Klare und Weiße,
gegenüber dem Dunklen und Schwarzen bevorzugen.

Die Erwartung übertrifft das Dasein eines jeden.
Eine Herausforderung ist nur ein Wunschdenken.
Das Morgen wird vom Gestern zur Plage.
Aber das JETZT und der TAG ist das Leben
und die Vollkommenheit.

Veränderung

Wenn Du Dich verändern willst,
musst Du Dich zuerst selbst belügen.
Denn um gewisse Einstellungen in Dir zu verändern,
brauchst Du einmal eine Kraft in Dir, die Dich selbst belügt,
und dann brauchst Du noch den Geist dazu, der Dir in jeder
Lebenssituation genau das vorspielt, worauf Du hinzielst.
Am Anfang glaubst Du es selbst nicht, und Du denkst immer
wieder daran,
dass Du Dich nur belügst.
Aber mit der Zeit wirst Du sehen, dass genau das,
was Du Dir selbst vorgemacht hast, schon längst in Deinen
Gedanken war.
Aber es war verschlossen in Dir und Du hast es nicht aus Dir
sprießen lassen.
Wenn Du es erreicht hast, wirst Du erkennen, wie glücklich es
Dich machen kann.

P.S. Hierbei spreche ich allerdings nur von Veränderungen, die
Dich zum Guten verändern können.

Das Licht ist in Dir ist die Sanftmut,
die Du empfindest.
Die Brutalität Deines Geistes in Dir
Ist das ungeborene Ich
Deiner widerwilligen Gedanken in Deinem Körper.

Perfektioniere Deinen Geist,
dann wird Dir Dein Körper zu Füßen liegen.

Dir geht es immer gut,
wenn Du es Dir schlimmer vorstellen kannst,
als Du es momentan hast!

Lady Dia und Mutter Theresa

Sie beide starben innerhalb einer Woche. Beide kannten sich gut und beide bewirkten auf dieser Erde sehr viel. Beide haben in ihrem Leben einiges mitgemacht und lernten daraus, anderen zu helfen. Beide hätten sie jedoch der Menschheit nicht helfen können, wenn sie nicht so ein großherziges und liebendes Herz gehabt hätten für alle Menschen, die auf dieser Erde leben. Gott hat uns diese zwei Persönlichkeiten geschenkt, um vieles wieder zu lernen in unserem eigenen Dasein, damit uns auch unser Bewusstsein wieder näher kommen wird. Er hat uns diese beiden aber auch wieder genommen aus diesem Leben und er hat damit einiges bewirkt. Doch was hat er damit bewirkt? Bewirkt hat er damit, dass viele Menschen traurig wurden und sehr zerstreut waren. Aber durch die Trauer erlangten Millionen von Menschen wieder ihr Bewusstsein zu einem Leben, das sie zu positiveren Gedanken hinführen ließ. Lady Dia war eine wunderschöne große Frau, die im Sinn ihres Lebens die Fröhlichkeit und das Bedürfnis zu helfen sah. Sie war bewundernswert für alle, die sich mit ihren Gedanken befassten. Mutter Theresa war ein ganz anderer Mensch. Sie war sehr klein und manchmal sehr unscheinbar in ihrer wundervollen Tätigkeit. Sie bewirkte dennoch soviel auf dieser Erde, was wahrscheinlich kein Mensch mehr bewirken wird. Sie selbst lebte mit den hungernden Menschen zusammen, zeigte ihnen ihre Liebe und gründete einen Orden dafür, dass die hungernden und sterbenden Menschen in ihrer letzten Lebenssituation doch noch Freude verspüren konnten.

Zwei sehr unterschiedliche Typen in ihrer Umgebung, doch beide wussten, wie sie die Menschheit glücklich machen können. Allen beiden gebührt ein ganz spezielles Lob von der gesamten Menschheit, denn ohne solche warmherzigen Menschen wäre unser Dasein kein sinnvolles Dasein mehr. Ich möchte diese zwei Persönlichkeiten in den Kreis der bekanntesten Persönlichkeiten des 20. Jahrhunderts einreihen und ihnen dabei auch meinen Dank dafür aussprechen, dass ich einiges von ihnen lernen durfte.

Wenn Du diesen Deinen Weg nicht gehen willst,
dann gehe ihn nicht;
suche nach einem anderen Weg,
denn Wege gibt es unzählige.
Es gibt so viele Wege im Leben,
dass man sie in tausenden Leben
nicht alle finden kann.
Aber es kann sein,
dass man in **einem Leben**
den richtigen Weg findet.

Draußen regnet es in Strömen.

In meinem Geist kehrt eine wunderbare Ruhe ein,
meine Gedanken sind klar, einfach und rein.
Mein Herz ist voller Friede und Dankbarkeit,
und mein Verstand gibt mir das Erlebnis der Glückseligkeit.

Wie viele Jahre in Deinem Leben auch noch vergehen,
in dem Augenblick, wo es zu Ende ist,
wirst Du es noch einmal sehen,
wie Du gemacht hast Dein Leben.

Was habe ich zu verlieren,
wenn ich nur Sieger sein kann?
Und wohin wird mich meine Aufgabe führen,
wenn ich mein Herz für immer und für jeden geöffnet lasse?

Wenn Du nicht mehr der bist,
der Du bist,
sei der,
der Du sein willst!

Urteil

Urteile nie über jemanden.
Der jemand könnte eines Tages Dein Schutzengel sein.
Also sei bedacht darauf, keine Urteile zu geben,
sondern Urteile empfangen zu können.

Selbstbeherrschung

Was ist die Selbstbeherrschung des eigenen Körpers?
Die Selbstbeherrschung des eigenen Körpers
ist der Wunsch eines jeden Menschen.
Selbstbeherrschung ist ein Kampf mit sich selbst.
Wenn Du den Kampf mit Dir gewinnst,
bist Du ein Sieger.
Wenn Du den Kampf gegen Dich verlierst,
bist Du ein Verlierer.
Kämpfe mit Deinem Willen und Deiner Kraft!

Selbstsucht

Die Klarheit ist nicht die Finsternis,
die Wahrheit ist nicht die Lüge,
der Hass ist nicht Liebe.
der Hass ist Selbstsucht.
Selbstsucht sollst Du nicht haben.
Selbstsucht bringt Dich in eine unzufriedene Welt,
eine unzufriedene Welt willst Du nicht.
Du willst vielmehr das geben, was anderen Freude bereitet,
also lass Selbstsucht nicht Deine Gedanken verwirren,
sondern gib Dir selbst einen Stoß, für andere da zu sein
und ihnen zu helfen.

Aber vergiss Dich dabei selbst nicht!

Augenblick

Das Leben ist schön,
wenn Du jeden Augenblick genießen kannst.
Das Leben ist schwierig,
wenn Du die Augenblicke nicht mehr siehst.
Das Leben ist sinnlos und trostlos,
wenn Du weißt, es gibt keine Augenblicke mehr.

Genieße den Augenblick!

Geduld

Geduld bedeutet Warten
Warten bedeutet Zeit
Zeit bedeutet Arbeit
Arbeit bedeutet Leben
Leben bedeutet Freude
Freude bedeutet Glück
Glück bedeutet Friede
Friede bedeutet Alles.
Was bedeutet Trauer und Angst?
Trauer und Angst bedeuten Geduld.
Geduld ist also eine Tugend im Leben,
die alles gut machen kann,
oder, wenn man sie nicht geben kann,
alles zunichte machen kann.

Also lasst uns lernen Geduld zu geben
und Geduld verspüren zu können!

Arbeit

Arbeit heißt Arbeit.
Arbeit musst Du in Dir finden.
Niemand schenkt Dir Arbeit.
Du selbst schenkst Dir Arbeit.
Arbeit, die Dir niemand geben kann.
Arbeit im Geist
Arbeit für sich
Arbeit, die Dir immer helfen wird
Arbeite an Dir!

Gegensatz

Zwei Gegensätze leben nie,
Hass und Liebe heißen sie.
Zwei Lebensstützen brechen nie,
Gebet und Arbeit heißen sie.

Träume

Du träumst,
ich träume.
Was ist der Traum?
Der Traum ist die Flucht aus der Realität.
Die Flucht aus der Realität ist der Gegensatz zur Wahrheit.
Die Wahrheit findet man nicht im Traum,
sondern im Leben.

Einsamkeit und Ruhe

Einsamkeit ist sehr langsam
Einsamkeit bewegt sich fast nicht
Einsamkeit ist wie eine Uhr, die nicht schlägt
Einsamkeit ist allein sein
Einsamkeit ist Ruhe

die Ruhe ist die Sonne
die Sonne begrenzt die Ruhe
die Ruhe im eigenen Geist
die Ruhe zu finden, ist die Ruhe dafür zu haben,
die Ruhe auf sich zukommen zu lassen.

Spiel

Spielen ist sehr schön
Wenn man spielt,
wird man wieder jung.
Es ist schön,
jung zu sein und mit Kindern zu spielen,
um selbst wieder ein Kind zu werden.
Kinder geben Dir Kraft, Kinder geben Dir alles,
wenn man mit ihnen spielt!
Aber das Spiel ist nicht das Leben
und auch nicht umgekehrt:
das Leben ist kein Spiel.
Das Spiel im Menschen ist vielmehr das Bedürfnis,
kindlich zu sein,
um spielen zu können
und Freude mit Spiel verbinden zu können.
    Also spielen wir miteinander
    aber mach das Spiel
    nicht zu einem Spiel des Lebens!

Freunde brauchen Freunde.
Bäume brauchen Wasser.
Gedanken brauchen Gefühle.
Der Tag braucht das Licht.
Die Nacht braucht die Finsternis.
Alles braucht etwas.
Was brauchst Du?

Du allein weißt, was Du willst, aber Du versuchst doch immer die anderen mit einzubeziehen, aber es hilft Dir nichts, denn Du musst mit Dir selbst ganz allein zu recht kommen. Auch wenn Du glaubst, eine Gemeinschaft zu sein mit einem Menschen oder mit einer Familie, letztendlich musst Du immer wieder auf Deine eigenen Stärken zurückgreifen und Dir selbst die Kraft und das Vertrauen geben, um den nächsten Tag genau so zu meistern wie den heutigen. Denn was Dir andere Menschen geben können, musst Du erst aufnehmen, um daraus das Positive für Dein weiteres Wirken und Gestalten in Deinem Leben zu erkennen.

Wille

Der Wille im Körper ist die Kraft des Geistes.
Der Wille ist, alles zu wollen,
was willst Du?

Lebe nicht in Sorgen

Wenn Du Sorgen hast, machst Du Dir Gedanken über die Sorgen,
die Du hast. Wenn Du keine Sorgen hast, machst Du Dir keine
Gedanken über keine Sorgen, die Du nicht hast.
Keine Sorgen haben, ist schön.
Sorgen haben kann auch schön sein,
aber nur, wenn Du damit umgehen kannst.

Alle haben ihr Ziel erreicht,
aber Gewinner war nur der,
der am individuellsten lebte.
Er war den anderen um ein paar Gedanken voraus.
Und so endete das Finale
mit der Niederlage des Siegers
und mit dem Sieg des Verlierers.

Bäume entwurzeln,
Häuser aufbauen,
Karriere machen,
und ein angesehener Mensch sein:
Alles sehr einfach und unkompliziert!
Aber eine Familie gründen,
und Deinen Kindern Deine Gedanken weitergeben,
das bedeutet das Leben.
Denn erleben zu dürfen,
wie die eigenen Kinder wachsen und gedeihen,
und wie sie ihre Fröhlichkeit
und ihre Persönlichkeit entfalten können,
ist eines der schönsten Dinge auf dieser Erde.

Viele Menschen sind krank, weil sie die Probleme, die sie haben,
zu sehr auf sich einwirken lassen.
Sie leben in einer Problemwelt, die es in ihrem eigenen Leben
nicht gibt, aber sie versuchen dennoch immer wieder mit diesen
Problemen konfrontiert zu werden, weil sie aus ihrem inneren
Zwang das schöne Erlebnis nicht finden können.
Das Finden Können eines Problems ist der Moment, wo man die
eigenen Schwierigkeiten selbst erkennt und aus diesen
Schwierigkeiten jedem alles mitteilen kann. Alles Mitteilen ist ein
wichtiger Schritt in Deinem Leben, und niemals sollst Du die
Meinung haben, dass Du gegenüber einem anderen etwas
Falsches gesagt hast, wenn Du es gut gemeint hast.

Nimm jeden so,
wie er ist,
dann wird auch Dich jeder so nehmen,
wie Du bist.

Die Lehre des einfachen Lebens kann ich in jeder Lebenssituation
erfahren.
Ich sehe nach links, nach rechts, nach vorne und nach hinten; und
ich sehe bei jedem Blick eine neue Erfahrung für meine nahe
Zukunft, die noch nicht einmal in meinen Gedanken abgespielt
worden war. Wenn etwas zu kompliziert wird, bedarf es ganz
einfach wieder der Einfachheit, und dann sieht man, wie leicht
einem alles von der Hand geht.

Erfolg

Wie mache ich am besten einen Riesenerfolg, am meisten Geld aber mit möglichst wenig Aufwand?

Wir leben in einem Zeitalter, in dem sich alle die Frage danach stellen, wie man ohne viel Zeitverlust das Leben mit möglichst viel Geld am meisten genießen kann. Viele Bücher wurden darüber geschrieben, einige davon sind sehr beeindruckend andere sind aber nur Geschwafel. Es gibt aber auch die Möglichkeit heutzutage, sich dem Wahn der Glücksspiele hinzugeben, denn es gibt mittlerweile schon soviel, dass man gar nicht mehr verlieren kann. Und hat man das Geld, bleibt auch der Erfolg nicht fern. Und es geht so einfach: man zieht bei einem Glücksspiel ein Los und schon ist man mit fast 123%iger Sicherheit nicht weit vom Haupttreffer entfernt: Ich darf Ihnen gratulieren, sie haben den zweiten Platz erreicht. (mit zig Millionen anderen); aber endlich bin ich zweiter, das nächste mal klappt es bestimmt.

Heute kann man in einer Boulevard Zeitung für Frauen lesen, dass Prinzessin Diana ihren Tod nur vorgetäuscht hat, und dass sie mit ihren beiden Söhnen und einer Cousine von ihr, ich glaube sie heißt Fergie, in einem unbewohnten Dorf sich niedergelassen hat. In diesem Heft gibt es noch gratis dazu eine Rubbelkarte, in der man neun Felder Rubbeln darf. Wenn drei Felder dabei sind, wo sich diese Persönlichkeiten befinden, hast Du den ersten Preis gewonnen, und Du bekommst eine persönliche Lebenskarte für diesen Ort, und genügend Geld und Sicherheit für Dein gesamtes Leben. Du kannst also nur gewinnen. Das tragische daran ist: Lady Diana lebt nicht mehr, viele Frauen und auch Männer kaufen so einen Blödsinn und machen noch dazu bei so einem Gewinnspiel mit.

Das abscheuliche an der ganzen Geschichte ist, dass solche Boulevard Zeitungen den größten Hit ihrer Karriere damit machen. So macht man Geld und so kommt man zum Erfolg.

Und das traurige daran ist weiters, dass solche Geschichten heutzutage leider keine blöden Geschichten mehr sind, sondern Realität in unserem Leben sind. Ein kleiner Appell wäre angebracht: Sucht den Erfolg im Herzen, und ihr werdet sehen, welche Erfolge ihr damit feiern und ernten könnt.

Erkennst Du in Dir einen Fehler, so suche zuerst nach den Ursachen und Gründen dieses Fehlers. Wenn Du diese gefunden hast, wird es Dir um einiges leichter fallen, diese Fehler zu bekämpfen.

Wohin Dich der Weg der Ordnung und des Fortschritts auch führen wird, weiche nicht von ihm, bleib aber auch den alten Gesetzen Deiner Vorfahren immer treu, und verbinde alles, was Du im Stande bist zu verbinden.

Das Leben ist ein Weg voller Hürden, die jeden Tag bewältigt werden wollen. Der Nebel spiegelt sich im Wort Leben wider, und ein Neger braucht nicht im Regen alleine verweilen, denn auf einem Sarg wächst weißes Gras.
Wer dieses las,
wird sehen, wie viel der Dichter vergaß,
als er am Schreibtisch saß,
und seinen Gedanken schenkte einigen Spaß.

Ernte von einem schönen Erlebnis
die Freude für eine neue Aufgabe
in Deinem Leben.

Berühre mit Deinen Fingern und mit Deinen Händen Deine
eigene Stirn und versuche dabei, Deinem Geist eine Ruhe zu
geben. Du wirst staunen, wie herrlich dieses Lebensgefühl sein
wird, und wie herrlich es auch ist, sich selber wieder mit Gefühlen
zu konfrontieren.

Erreiche Dich, wo Du am erreichbarsten bist

Sei darauf bedacht,
Deinem Geist und Deinem Körper
Freude und Gesundheit zu geben,
in jeder Situation Deines Daseins.

Weht der starke Herbstwind zum ersten Mal im Jahr
Wird es manchem um sich sonderbar.
hört man morgens keine Vögel zwitschern mehr
Bricht der Winter bald einher.
Die Blätter fallen mit all ihren Farben auf die Erde hernieder
Und man beginnt zu singen schöne Lieder.
Alles beginnt zu verwelken und sich einzudecken,
aber wir dürfen uns auf keinen Fall verstecken.
Kommt der harte Winter mit viel Schnee und Kälte
Wird's gemütlich zu Haus am heißen Ofen.
Denn draußen herrscht die bittere Kälte.
Am Morgen steh ich auf und sehe beim Fenster raus
Die Bäume sind weiß, das Gras ist weiß, alles ist voller Schnee.
Wie schön, dass ich all diese Pracht noch sehe.
Wer weiß, was morgen ist?
Ist der Winter dann wieder vorbei
Freut sich jeder schon auf den blühenden Mai.
Das Frühjahr bringt viel Freude für Dich
Und ein jeder gibt blühende Freude von sich.
Der Sommer wird heiß,
und meine Stirn ist voller Schweiß,
und Gott sei Dank,
weht der Herbstwind wieder einher,
und bringt uns viel Abkühlung mit seiner Kälte daher.

Wünsche

Was Du Dir auch wünschst, es soll Dir zum Guten verhelfen.
Ich wünsche Dir die Gabe, Dich in Deinem Leben so zu sehen,
wie Du Dich in Deinen schönsten Momenten erlebst.

Ich wünsche Dir, dass Du Deine Sinnesorgane mit Deinem Herzen
zur Zufriedenheit bringen kannst. Gib Deinen beiden Augen eine
Chance,
das schöne in Deinem Leben zu sehen und versuche mit Deinen
Ohren genau das zu hören, was Dir gefällt. Rieche die lieblichen
Düfte der guten Speisen, vergiss dabei nicht den Geist in Deinem
Kopf, der Dein Lenkrad für Dein Leben ist. Benutze Deinen Mund,
Deine Zunge und Deine Lippen als Werkzeug der fröhlichen und
gutgesinnten Worte. Lass Deine Hände immer bereit sein, grüßen
zu können und umarmen zu können. Und Du wirst sehen, wie
schön es sein kann - Dein Leben.

Von der Realität eines lebenden Politikers
zum Wahnsinn eines sterblichen Bürgers!

Die Industrie optimiert die gesamten Statistiken des allgemeinen Energieverbrauches, doch trotz der letzten paar Jahrzehnte wird das Erdgas importiert und die Luft durch den Boden zerstört. Die Fleischverordnung des Traditionsvereins EU kann entweder selbst erzeugtes Getreide verfüttern oder dem großen Grillangebot eines kleinen Bauern widerstehen. Somit hat die Steuerreform mit der fundierten Wettbewerbsfähigkeit den Waldweg in der Kiesgrube gefunden. Doch der Strukturfonds des regionalen Ansprechpartners wurde dem konkreten Kristallisationspunkt zum Glanze von einem vertikalen Prädikate verliehen. Die sozialwirtschaftlichen Perspektiven der Arbeit im Blickwinkel sind die virtuelle Diskriminierung eines liberalisierten Telekommunikationssystems. Daher wurde das Coaching eines Vermögensverwalters zum retrospektivem Fazit eines Promotors erklärt, womit sich wiederum das Selektionskriterium vom Auswahlergebnis quantitativ replizieren lässt! Viel Lärm wurde um den Geist der Kompetenz interpretiert, denn durch die Innovationskooperation wurde der Vorsprung durch die Forschung zur Literatur.

In einer Anwendereinbindung ist die Entwicklungsaktivität eines Produktionskonzeptes die Einfachheit des Berichters.

Die Flexibilität der Rhetorik war damals die Diskussion der repräsentativen Untersuchungspolitik, und deshalb wurde die Identität zum Anreiz eines orientierten Instrumentes. Die Diskrepanz des ökosozialisierten Menschen zum Besseren ist die kristallisierte und preisorientierte Immission oder Emission der Effizienz!

Die Frage, ob die Verfassungsänderung den Genetiv in der lateinischen permanenten Akzeptanz sehen will, ist eine Question der verklemmten Astrologie, denn Experten sehen die Institution im Austausch eines nichttrivialen und selbst erzeugten Arbeitsprozesses, was die absolute Konjunktur der Bautätigkeit eines Unternehmens determinieren lässt.

Ab germanio ditum
ii itis omnes in ordo!

Jesus Christus, unser Retter

Jesus Christus sagte einmal:

Wo zwei oder drei
in meinem Namen beisammen sind,
da bin ich mitten unter ihnen.
Die Gemeinschaft ist das Schönste, das wir erleben und
empfinden können, denn das Glücklichsein kann in Dir nur
Aufmerksamkeit erwecken, wenn Du es annehmen kannst, dass
viele fröhliche Menschen sich gegenseitig eine große Freude
bereiten wollen.

Kritisieren ist manchmal sehr einfach,
aber annehmen und akzeptieren ist oft sehr schwer.

Die Jünger von Jesus Christus akzeptierten auch andere
Religionen, aber sie waren überzeugt von der einen Sache,
sie wurden geprägt vom Leben unseres Herrn,
sie waren Zeugen unseres Herrn,
und nun sind sie Botschafter für den einen Gott,
doch wer gibt ihnen Aufmerksamkeit?

Die Bibel ist ein Buch,
das Aufschluss gibt für das Leben der heutigen Zeit,
im Leben des Wohlstandes und Genusses.
In der Bibel suchen wir Gott,
in der Bibel finden wir Gott,
in der Bibel gibt es ein Wort,
dieses Wort ist: LIEBE.

Die Liebe von und zu unserem Schöpfer

Ist die Liebe nicht etwas Schönes,
wenn man sie geben und empfangen kann?
Ein herrlicher Moment der Freude erstrahlt mich,
wenn ich Liebe von unserem Schöpfer empfange.
Und noch ein größerer Moment in meinem Leben ist es,
wenn ich diese Liebe weitergeben kann an meine Mitmenschen.
Liebe, die ich von Gottes Lehre erhielt,
von Jesus Christus und seinen Jüngern in die Welt
hinausgetragen.
Dann wurde sie weitergegeben von meinen Eltern an mich.
von meinen Eltern empfangen und weitergegeben an mich.
Ich empfing diese Liebe als sündiger Mensch,
der das Leben nur genießt.
Aber ich weiß, Jesus Christus ist reumütig und voller Geduld,
er ist barmherzig und hat sich für uns geopfert.
Wir sündige Menschen sollen arbeiten an unseren Fehlern,
dankbar sein, für jedes Wort, das aus Gottes Munde stammt,
und ihn immer um Verzeihung unserer Schuld bitten.

Das Schöne am Leben ist,
dass man weiß,
Jesus Christus liebt uns mit all unseren Fehlern.
Als er Gottes Sohn und Mensch geworden war,
gab er aus Liebe zu uns sein Leben,
um uns zu retten.
Für uns wurde sein Tod zum Heil unserer Fehler.
Jesus Christus hat als Mensch gelebt,
er wurde von Maria geboren und von Gott gezeugt.
Josef war der Nährvater und eine unbedeutende Person zu dieser
Zeit.
Doch er wurde geführt von all seinen Engeln,
die ihm Gott schickte,
um seinen Sohn zu schützen,
und ihm das Wirken auf dieser Erde zu ermöglichen.
Deshalb hat dieser Vater Josef eine ganz spezielle Aufgabe in
unserem Leben:
Er war anfangs skeptisch,
doch als ihm ein Engel erschien,
wusste er,
ich bin dazu berufen worden,
Gottes Sohn auf dieser Erde Wirken zu lassen.
Josef blieb ein ruhiger Mensch.
Geprägt von Gottes Liebe verbrachte er seine Tage in ruhiger
Umgebung, zeigte sich nicht gerne in der Öffentlichkeit,
sondern blieb verschlossen in seinem ganzen Leben.
Er war der Hirte für seine Herden in seinen Gebeten.
Maria hingegen blieb lange Zeit in der Öffentlichkeit.
Sie war ja die Mutter unseres Herrn.
Sie war es, die gebar,
sie war es, die die Geduld und die Liebe hatte,
einen Sohn auf diese Welt zu setzen,
der Gottes Sohn sein sollte. →

Doch viele Menschen auf dieser Erde hielten es nicht für richtig,
dass ein Mensch aus armen Verhältnissen Gottes Sohn sein kann.
Aber er war es,
Er war Gottes Sohn!
Wer die Bibel liest, der weiß es,
ich kann es nicht bezeugen,
aber ich kann euch bestärken darin.
betet jeden Tag einen „Gegrüßet seist Du Maria" zur heiligen
Gottesmutter unseres Herrn Jesus Christus, vergesst dabei nicht
das Wirken seines Vaters Josef, und bittet den Allmächtigen um
Schutz und Liebe auf dieser Erde. Dann werden all unsere
Anliegen erhört.

Der Jünger Johannes beschrieb die Liebe in seinen Worten als ein
wunderbares Werkzeug Gottes.
Er wusste von dieser Liebe, er war ein Teil dieser Liebe, und Jesus
Christus gab ihm diese Liebe mit auf seinem Weg. Er teilte ihm
mit: Liebe meine Mutter, als wärest du der Sohn von ihr, und zu
seiner Mutter sagte er: Sieh, Mutter, dies ist dein Sohn!
Das ist doch wohl ein Zeichen der Liebe und Dankbarkeit unseres
Herrn.

Israel, das gelobte Land,
doch nun vom Krieg geprägt.
Jesus Christus sagte:
Bleibt mir treu,
wenn ihr auch noch so verfolgt werdet,
bleibt mir treu und harrt aus in eurer Geduld.

Heute ist wieder ein wunderschöner Tag,
den mir unser Herr geschenkt hat.
Ich war in der heiligen Messe,
ich betete für mich und für alle Menschen,
die mir am Herzen liegen und die ich kenne.
Der Pfarrer predigte heute über den finanziellen Verdienst der
Seelsorger.
Er brachte es klar zum Ausdruck,
dass die Priester um einiges weniger verdienen,
als andere Akademiker.
Ich kann ihm dabei nur beipflichten und sagen:
„Hut ab", all ihr Geistlichen,
die ihr wirkt in unserer Welt, und die bescheiden lebt nach dem
Beispiel Jesus Christus.
Denn Jesus Christus sagte zu seinen Jüngern:
Zieht hinaus mit dem Wanderstock und mit Sandalen,
nehmt nichts mit auf eure Reise,
lebt in Armut und verkündet dem Volk die frohe Botschaft meiner
Wiederkunft.

Wo immer Jesus Christus predigte,
es waren Volksmassen anwesend,
und er verkündete nicht Trauer, nicht Ängste, und nicht Not.
Er verkündete das Leben und die Liebe im irdischen Leben,
und er verkündete das ewige Leben im Reich seines Vaters.
Er suchte sich zwölf Menschen aus,
die seine Wahrheit in aller Munde tragen sollten.
Sie taten es und fanden Gefallen an dem einen Herrn,
dem Erlöser aller Zeiten.
Petrus und Johannes waren diejenigen,
die Jesus am meisten liebte.
Petrus war der Felsen und Johannes war der Jünger der Liebe.
Beide ganz unterschiedlich in ihren Charakteren,
aber beide vertraut mit der Aufgabe,
die ihnen Jesus mitgab.
Petrus der erste Papst als Stellvertreter Jesus Christus,
von Kraft geprägt, und mit strenger Miene alles mitteilen zu
wollen, was ihm Jesus Christus auf seinen Weg mitgegeben hat.
Und Johannes war der intelligente und ruhige Mensch,
bedacht darauf, zuhören und lieben zu können.

In den Worten Jesus hört man heraus, dass Johannes, der Jünger
Jesus, sein Lieblingsjünger war.
Ein anderer Johannes (der Täufer) war stark und voller Energie im
Gefängnis, denn er wusste, er hat Jesus Christus, Gottes Sohn,
getauft, und er wusste daher, dass er nichts mehr zu verlieren
hat, denn Jesus Christus war bei ihm. Jesus Christus liebte ihn so
sehr, dass er diese schwierige Zeit auch überstehen würde.
Er erhielt diese Gedanken von Gottes Sohn persönlich.
Niemand hat Gott je geschaut.
Doch dann gab es noch einen anderen Johannes, den
Evangelisten, diesem Johannes war es gegeben, unseren Herrn
und seine Ziele zu sehen.
So viele Muttergottes Erscheinungen es gibt auf dieser Erde,
es gab nur selten Erscheinungen des Herrn.
Und diese Erscheinungen des Herrn waren Johannes dem
Evangelisten gegeben.

Und dieses Glück hatte Johannes.
So schlimm es auch für ihn war, diese Sachen zu sehen,
er war bereit alles zu sehen und alles nieder zu schreiben,
für uns Fehlbaren, für uns Missgeburten, wie Paulus schrieb.
Wir sind alle von Fehlern besessen,
und wissen es nicht.
Doch Jesus Christus weiß es,
dass wir viele Fehler machen auf dieser Erde.
So sehr wir uns auch bemühen,
es ist alles nichts,
was wir machen im Gegensatz zu ihm,
der alles machte für uns.
Denn er war es, der unsere Sünden auf sich geladen hatte
und den Kreuzweg ging.
Es ist nicht schwer ein Opfer zu bringen oder zu sterben,
aber als Herrgott für die Sünden der Menschen zu sterben,
das ist wahrhaftig ein Zeichen der großen Liebe unseres Gottes.

Jesus Christus verkündete einmal:
Ihr seid meine Brüder, meine Geliebten,
aber was ihr einem meiner geringsten Brüder getan habt,
das habt ihr auch mir getan.
Damit zeigt uns Jesus Christus seine tiefgründige Liebe zu uns
Sündern.
Wir, die Fehlbaren, sind des Gottes Sohnes nicht würdig.
Gott aber hatte Geduld mit uns Menschen,
er schickte seinen Sohn,
der alles erlitt auf dieser Erde,
und den sie bestraften mit dem Tod am Kreuz,
aber uns zum Heil wurde die Beichte.
Mit Jesus Christus wurden auch viele tote Menschen auferweckt
zum neuen Leben, er gab ihnen die Kraft, sich mit ihm zu
vereinigen im Reiche seines Vaters.
Diese Menschen sind die Heiligen und die Apostel von Christus.
Es gibt unzählige davon,
aber nur einige sind auserwählt,
seine Füße zu küssen.
Ich, als Sünder bin es nicht wert,
ihn zu sehen,
doch ich wäre von großer Begeisterung,
wenn ich ein Schutzengel sein könnte in seinem Reiche.

Jesus Christus soll mein Wegbegleiter sein,
sowohl beim Aufgang der Sonne,
als auch bei ihrem Untergang.
Dann wird das Licht des Tages die Helligkeit in meinem Herzen
mich zum Glauben, zur Hoffnung, zur Liebe, zur Freude,
zum Frieden und zur glücklichen Unvergänglichkeit im Leben
führen.

It' s very easy,
to write such things.
But it' s very difficult,
to live these words.

Viel Spaß und Freude
im weiteren Leben
wünscht Dir, lieber Mensch,

aus ganzem Herzen

Bernhard

alias

Ranti

Post Scriptum:

Anregungen und Kritiken des Lesers werden vom Verfasser gerne entgegengenommen, damit neue Ideen in die nächste Fassung mit einfließen können!

Antworten sind erwünscht,
und zwar unter der Tel. Nr . +43 664 3204400
oder per email: bernhard.danzl@aon.at

Danzl Bernhard
Walchau 23
6391 Fieberbrunn
Austria

Du kannst es mir auch persönlich mitteilen, was Du von meinem Buch hältst.

Meine Gedanken bewegen sich oft auf Imperativ-Befehle.
Lass Dich aber nicht von den Imperativ-Befehlen negativ
beeinflussen. Denn ich will meine Gedanken nicht als Befehl,
sondern vielmehr als Hilfe für Hürden, die ein jeder von uns zu
bewältigen hat, mitteilen.

Warum ich immer wieder auf unseren Schöpfer, auf Jesus
Christus und auf den Glauben in meinen Schriftstücken anspiele
hat folgenden Grund:
Ich sehe den Lebensinhalt und den Inhalt nach meinem Tod im
übernatürlichen Leben; dabei kann mir nur das Göttliche helfen,
mich auf dieser Ebene glücklich zu bewegen.

Habe ich Dich mit meinem Schreiben betrübt, so tut mir das sehr
leid. Aber ich würde mich dennoch freuen, nicht weil Du betrübt
bist, sondern weil die Betrübnis Dich zu anderen Gedanken
geführt hat. Die gottgefällige Trauer wirkt heilsame
Sinnesänderung, die weltliche Trauer hingegen führt zur
Verzweiflung.